CLAUDIO MENGO

Claudio Mengoni
Come e perché ho inventato il Degradé

©2023 Claudio Mengoni

Pubblicazione a cura di Edita Lab s.r.l.

CLAUDIO MENGONI

COME E PERCHÉ HO INVENTATO IL DEGRADÉ

TRA STORIA, PASSIONE E TECNICA

INDICE

INTRODUZIONE

Adoro leggere, non appena ho un po' di tempo libero mi siedo e leggo. Scrivere è un'altra cosa. Ho una dannata paura a farlo, soprattutto perché sono fautore del "preferisco leggere che scrivere". Scrivere la mia storia professionale dicono che può essere utile per i miei colleghi, per il nostro lavoro, perché il racconto di una vita semplice e piena di fantasia può essere adatto a chiunque fa la nostra professione o intende farla.

Per quanto riguarda me, preferisco leggere i classici, perché ho sempre trovato tutto ciò che è utile per migliorare e guidare la mia vita professionale e personale. Faccio un piccolo inciso, per aiutarmi a raccontarla mi sono accorto che proprio questo sfogliare di pagine una alla volta rimane il modo migliore per entrare in contatto con qualcosa. Ecco come e perché questo progetto ha avuto vita.

Perché il libro

Era da diverso tempo che in Joelle cresceva il desiderio di far conoscere meglio il nostro gruppo e la tecnica originale del Degradé a tutti i professionisti del settore.

Perché conoscere il Degradé? Il nostro lavoro di parrucchiere è in forte crisi. Ma crisi, diceva J. F. Kennedy interpretando l'ideogramma cinese, sta sia per pericolo che per opportunità. Il settore dell'hairstyle sta subendo delle profonde trasformazioni e chi non è pronto a fare le scelte giuste dovrà fare i conti con i nostri peggiori nemici: perdita di fidelizzazione e clientela, staff immotivato e improduttivo, business stagnante o in perdita, offrire dei servizi non in linea con il mercato. Forse conoscere la tecnica del Degradé e il gruppo Joelle potrebbe essere l'opportunità che stai cercando. Questo libro ti aiuterà proprio a capire le potenzialità tecniche del Degradé, la storia e i motivi del suo successo e, insomma, perché le donne continuano a scegliere questa tecnica piuttosto che le altre.

Oltre che rispondere a un'esigenza del settore, con questo progetto siamo molto felici di condividere la storia del Degradé e del nostro gruppo. Come e quando è nato il primo Degradé? Chi l'ha inventato? Da dove viene e perché questa tecnica? La prima parte sarà dedicata a questi interrogativi.

Non da ultimo, per noi significa anche fare chiarezza: il Degradé è uno dei servizi di hairstyling più imitati e ogni giorno ci imbattiamo in contenuti totalmente fuorvianti a riguardo. Quali sono i passaggi per eseguirlo? È facile fare un Degradé? Quanto tempo serve? Quali prodotti si usano? Nella seconda parte ci occuperemo di questi aspetti tecnici e di tutti i loro vantaggi, per il salone, ma anche per la cliente.

Nell'ultima parte, analizzando alcuni casi studio pratici, potrai vedere che risultati si possono ottenere con un Degradé.

Quali problemi andrà a risolvere

Che cosa significa oggi fare il parrucchiere? Quali sono le sfide che deve affrontare un salone di bellezza? Il settore è cambiato e onestamente è successo tutto molto in fretta. Il nostro lavoro, come il resto del mondo, è travolto dal turbinio del progresso di una società in continuo mutamento. Eppure, alcune, poche cose sono rimaste quelle di una volta (chissà ancora per quanto rimarranno tali): il piacere del contatto con la cliente, gli strumenti del mestiere, la voglia di esprimersi, le chiacchiere, la sensibilità per la bellezza. Ciononostante, questi ingredienti essenziali non riescono più a fare una buona ricetta per un salone. Se non vengono messi in atto dei cambiamenti, nel lungo termine, il salone vecchio stile è destinato ad avere serie difficoltà. Oggi, è quanto mai vitale stare al passo con i tempi, magari anticipandoli, per differenziarsi dalla concorrenza. Essere presenti online, avere un approccio manageriale, o meglio ancora una leadership, all'interno del gruppo di collaboratori; e ancora, investire sul marketing, elaborare strategie di promozione efficaci, formare adeguatamente il personale, offrire un servizio di qualità per ottenere un vantaggio competitivo; sfruttare gli strumenti tecnologici, dai social a quelli gestionali. Insomma, credo che questi siano i grandi problemi che affliggono ogni salone.

Ecco che qui entra in gioco il Degradé e il mondo Joelle. Nei prossimi capitoli troverai degli spunti per comprendere le potenzialità della tecnica Degradé, il servizio di colorazione più richiesto del mercato.

STORIA ED EVOLUZIONE DELLA TECNICA

La nascita della tecnica Degradé

Prima di raccontarti la storia di come il Degradé ha preso vita, è giusto accennare brevemente alla gestazione che ha portato alla sua nascita, che, come ogni nascita, comporta gioie e sofferenze.

Vorrei partire dall'inizio, da dove la mia passione per questo lavoro ha avuto origine. A sedici anni lavoravo nel bar di mia madre, quando, un bel giorno, degli amici mi dissero che la Regione aveva bandito un corso biennale per acconciatori: l'avevo sempre sognato e in quel periodo c'era un parrucchiere della zona molto elegante che per me fu d'ispirazione.

Così non ci pensai due volte e mi buttai. Dopo la formazione, come tutti, entrai a bottega per fare gavetta nel settore. Poco dopo, aprii il mio primo salone a Recanati: la prima porta in faccia. Proprio in quell'anno vigeva la legge secondo cui un esercizio commerciale poteva aprire soltanto con il benestare dei suoi colleghi, i quali, ovviamente, me lo negarono. Allora, mi rimisi sui miei passi e spostai il negozio all'interno di un centro estetico all'epoca molto rinomato. Non passò altro tempo che le ambizioni giovanili non tardarono a tornare, così aprii un secondo salone, sempre nella mia zona. Lavorai molto in quel salone con la tenacia di chi ci crede dal primo momento e, infatti, commisi tutti gli errori che ogni parrucchiere commette: orari impossibili, acquisti smodati, bassa qualità del servizio. Dopo quattro anni ero completamente esausto, stavolta la porta in faccia me l'ero data da solo e nel giro di qualche giorno chiusi l'attività.

A quel punto, entrai nell'azienda di mio padre, in cui lavorai per altri tre anni. Sebbene quello fosse un altro settore, ovvero quello calzaturiero, quell'esperienza fu veramente utile: meditai sui miei sbagli ma, soprattutto, imparai tutto sulla gestione aziendale e sulla produzione. Il mio insuccesso con il salone, infatti, era stato causato proprio dall'assenza di quelle competenze.

Le due esperienze hanno una differenza fondamentale: nel settore calzaturiero, quando commetti un errore, lo paghi caro e subito, mentre un parrucchiere no. Il sabato sera ha i soldi nella cassetta e deve solo decidere come spenderli, non sa ciò che comporta nel lungo termine. Consapevole di questa differenza decisi di ricominciare, ma di farlo bene. Rimboccate le maniche, trasformai con pochi soldi l'appartamento in cui vivevo in un piccolo e frugale salone e ripresi a fare i capelli.

Quella volta fu la volta buona. Lavorai sodo e, nel giro di tre anni, mi ritrovai a gestire tredici persone. Dopodiché, convinto di voler iniziare una nuova fase, riunii intorno a me i collaboratori più affini e iniziammo ad aprire saloni in società.

Passarono gli anni e potevamo contarne già una dozzina. Un nuovo pensiero si faceva strada e cambiai completamente il rapporto con la cliente. Una nuova consumatrice si affacciava nei nostri saloni: meno provinciale, più decisa su ciò che ambiva essere. Le nuove generazioni andavano dal parrucchiere con la foto del taglio o colore che intendevano indossare e il nostro ruolo cambiava. La clientela della nuova generazione pretendeva che il professionista a cui si affidava non decidesse per lei quale taglio o colore fosse più adatto. Successe così che i volumi, i colori e i tagli uscirono fuori dalle logiche sinora usate e iniziò l'era dello stile privato, di uno stile scelto dalla cliente, che si appartava dai pensieri del passato e accettava il confronto: una donna non più legata alla fisicità dei volumi o dei colori che il mercato delle riviste del settore imponeva. Il ruolo del parrucchiere cambiava, non era più il guru indiscusso a cui la cliente si affidava accettando la decisione senza confronto, questa nuova cliente si era evoluta, ora ambiva al confronto, desiderava un professionista più attento alle sue aspirazioni, un professionista che si impegnasse a decifrare la sua personalità con più attenzione; ed era sì disposta ad accettare consigli, ma solo dopo averli chiesti.

Questo cambiamento così strano metteva in discussione la nostra capacità professionale che era improntata su un pilastro legato al nostro gusto personale, di cui ci fidavamo ciecamente. Ora questo pilastro inesorabilmente era destinato a essere sostituito, perché era nata una *donna* più evoluta e consapevole che ha messo in crisi molti di noi.

Da questa analisi nacque il pensiero per il nostro cambiamento.

Si doveva ripartire, rifondare un pensiero nuovo, avevamo bisogno di capire il vero desiderio della cliente, la dovevamo fare bella, ma non come piaceva a noi, bensì come lei desiderava essere. Un nuovo pensiero nasceva, la donna voleva *essere* e non apparire, entrava dal parrucchiere per uscire con uno stile ben studiato e scelto da lei. La prima azione era capire quale stile desiderasse, altrimenti avremmo fallito.

Non è stato facile per nessuno, il cambiamento iniziato in quel periodo storico è stato una rivoluzione: la consapevolezza che la donna sempre più decide ciò che desidera essere ha richiesto una serie di stili, tecniche e volumi di ogni tipo. Noi siamo riusciti ad adattarci subito e per questo siamo cresciuti ma, viste le mie esperienze pregresse, la crescita doveva essere controllata, altrimenti i saloni sarebbero andati fuori controllo. Decisi quindi di commissionare a una ditta di programmatori un gestionale su misura per analizzare i dati del salone.

Eravamo tra i primi a occuparcene e la richiesta dei colleghi per la lettura dei dati era tanta. Insomma, al netto della questione eravamo arrivati a una trentina di saloni, alcuni in società e altri indipendenti. Avevamo raggiunto grandi risultati, ma c'era ancora molto da fare. A essere sinceri, ero molto soddisfatto, soprattutto, di poter aiutare gli altri nella gestione, eppure sentivo che non era quello che stavo cercando. Così, continuai a sperimentare con il colore, finché un bel giorno arrivò l'intuizione e qualcosa accadde.

Era venerdì pomeriggio di un aprile pieno di sole. Entrò in salone una signora distinta con la figlia. Mi ricordo il volto della donna, un po' rassegnato. La ragazzina, che quella domenica avrebbe fatto la Cresima, aveva chiesto come regalo dei colpi di sole, ma il padre si era dimostrato assolutamente contrario. Allora, la signora, con occhi pieni di speranza, mi chiese se avessi potuto fare qualcosa. Per fare in modo che la colorazione si vedesse e non si vedesse, pensai che avrei dovuto ricreare per forza un effetto naturale.

Ma come? Era impossibile.

Ecco l'intuizione: colorare la base, dove ci sono più capelli, con una tonalità vicina al colore naturale; le mezze lunghezze con una più chiara e, infine, le punte con un decolorante. Quel giorno feci il mio primo Degradé, nato dalla consapevolezza che la gioia di quella ragazzina nel vedere tutte quelle stagnole in testa, una volta tornata a casa, non avrebbe incontrato l'ira del padre.

Ormai sono passati più di trent'anni, ma conservo ancora vivo il ricordo di quella soddisfazione indescrivibile nel vedere il risultato dopo lo shampoo e l'asciugatura: una chioma più chiara nel complesso ma delicata e ricca di sfumature naturali, come se fosse stata illuminata dal lento lavorio del sole e del mare.

Da quel giorno molto lavoro è stato fatto: tante prove, tanti errori, tanti sbagli, e anche tanta paura di osare;

soltanto così si impara. Ci sono voluti anni per arrivare al Degradé nella sua forma propria.

Non deve sorprendere che all'inizio, quando giravo a presentare il Degradé nei saloni con cui collaboravo, nessuno mi capisse. Avevo tutto in mente, ma non era semplice da *mettere a terra*, da codificare in un linguaggio comprensibile ai miei colleghi. La differenza tra ciò che volevo fare e ciò che era percepito dagli altri, a volte, era talmente grande che pensavo di non riuscire a farcela, di mollare tutto. Solo il contributo che, nel tempo e con costanza, diedero i miei collaboratori mi aiutò ad andare avanti, per questo non finirò mai di ringraziarli. Devo anche ammettere che alla fine sono stati i fatti a parlare: quando i colleghi vedevano i risultati finali, anche i più scettici si convincevano; così, iniziammo a organizzare la formazione e da lì è iniziato tutto.

Niente nasce dal nulla, il primo Degradé è stato un evento indimenticabile, ma è stato anche il frutto di un lungo processo di maturazione. Erano anni in cui lottavo contro le tinte standard, finte e patinate, mentre cercavo ispirazione dalle opere d'arte. In particolare, ero letteralmente ossessionato dalle scene del film *Sapore di mare*, dove una splendida Isabella Ferrari sfoggiava capelli naturali, baciati dal sole e dalla salsedine. Come avrei potuto trasformare quelle immagini cinematografiche in realtà? Come avrei imitato la natura che riesce a infondere bellezza e unicità in ogni cosa?

Oltre che dell'arte, la mia ispirazione si nutriva della perfezione che esiste in natura, poiché non riuscivo ad accettare l'idea di ostinarsi a fare cambiamenti repentini sui capelli. In natura, la luce crea delle meravigliose sfumature, i colori si succedono in un continuo così graduale da rendere stupendo un semplice ramoscello, o una zolla di terra. Mi chiedevo: "Perché noi parrucchieri non riusciamo a fare altrettanto? A valorizzare, cioè, il simbolo stesso della bellezza?".

Niente doveva essere cancellato. Niente cambiato e stravolto. Bisognava semmai aggiungere qualche ciocca colorata in accordo con il resto della chioma al naturale. Così come persone diverse imparano a stare insieme, questo doveva succedere con i capelli, soltanto così sarebbe stato possibile agevolare la migrazione dei capelli da un colore a un altro.

Ricordo che negli anni Ottanta il Degradé si fece strada tra le più giovani, complice la felice stagione del decennio precedente tra femminismo e progressismo sessantottino, ma con il tempo la tecnica si è formalizzata, perfezionata e soprattutto è riuscita ad arrivare a ogni tipo di cliente, comunicando i suoi valori estetici innovativi.

Negli anni Novanta, queste trasformazioni presero corpo e il settore dell'hairstyle entrò in crisi. Allora, mi ricordo che, nonostante fossi letteralmente deriso dagli altri parrucchieri, decisi di cambiare la gerarchia valoriale della parruccheria: prima, lo stile era principalmente trasmesso attraverso il taglio, a cui si andava ad aggiungere il colore per abbellirlo; al contrario, io concentrai la mia arte sull'applicazione del colore, a cui il Taglio Punte Aria, come comprimario necessario, avrebbe donato quel tocco in più di bellezza e armonia.

Guardando indietro, l'ostinazione a volte premia, ma il tempo dà sempre torto o ragione: la crisi degli anni Novanta era dovuta a un'evoluzione della clientela. Se in passato la cliente si faceva guidare e non si sentiva all'altezza di decidere quale stile adottare, ormai aveva maturato una crescente consapevolezza e indipendenza. Insomma, voleva essere donna senza farsi dire da nessuno come riuscirci. Sapeva come voleva apparire, come sentirsi bella senza più demandare questo compito al parrucchiere di turno che avrebbe cercato, come al solito, di applicarle forzatamente lo stile della star del momento al suo look. Le clienti erano in cerca del loro stile, di una bellezza meno standard e più vera. E con il Degradé questo era possibile: ogni donna poteva finalmente sentirsi bellissima e, allo stesso tempo, essere sé stessa.

Questo è solo come tutto ha avuto inizio, il punto di origine. Ci tengo a sottolineare un aspetto per me molto importante: la tecnica, questa tecnica, è in continua evoluzione, è dinamica, è pronta a innovarsi anno dopo anno.

Per questo, nel momento in cui stai leggendo il libro, magari avremo già apportato delle modifiche per migliorarla e ottimizzare la sua esecuzione, sia da un punto di vista di risultato finale, sia per l'operatività.

Il marchio Joelle come garanzia di originalità della tecnica

La genesi, la diffusione e l'evoluzione del Degradé avvenne, così come allora, sotto il marchio Joelle. Nel giro di qualche anno mi trovai a gestire undici saloni nelle Marche che si distinguevano dalla concorrenza per uno stile più fresco, giovanile e moderno. In fondo, abbiamo cavalcato l'onda: negli anni Ottanta e Novanta le donne si lasciavano i capelli lunghi. Il colore, in questo contesto, era determinante. Allora, decidemmo di investire in un gruppo che si sarebbe prodigato a offrire un servizio di qualità, in cui la colorazione risultasse garbata, delicata, senza cambiamenti drastici.

Un fattore fondamentale che contribuì alla maturazione e alla diffusione del Degradé a livello nazionale fu la collaborazione strategica con l'azienda Wella. Proprio con i loro prodotti concepii il Degradé.

Negli anni Novanta, la partnership fece un salto di qualità: il Degradé venne inserito nei corsi di insegnamento del gruppo tedesco. Dopo questo, le cose andarono sempre meglio, avevamo davvero dei buoni risultati; allora, decisi di contattare la rivista *Estetica* per avere un po' di visibilità. Dopo vari incontri, mi concessero alcune paginette all'interno della rivista. Invece, con mio grande stupore, qualche tempo dopo mi contattarono dall'ufficio dicendomi che ero finito in copertina. Quel giorno capii che tutti gli sforzi, le idee, le difficoltà, tutto era servito ad arrivare fin lì. Fu una grandissima soddisfazione per tutti noi.

In verità, sono convinto che il segreto del successo del Degradé, al di là delle sue vicende storiche, sia proprio l'effetto naturale che dà una marcia in più al salone. Questa caratteristica del Degradé è riuscita a convincere, nel tempo, anche le donne più scettiche, restie a colorare i propri capelli per paura di ottenere un risultato troppo finto. Inoltre, la storia e la filosofia Joelle hanno manifestato la reale esigenza che spinge ogni donna ad andare dal parrucchiere: non per accorciare i capelli o per cambiare colore, ma per sentirsi più vicine alla loro immagine ideale. Facendo ciò, Joelle ha portato anche il ruolo del parrucchiere verso una nuova dimensione, rendendolo cioè un artista del colore e della luce.

Il mondo Joelle

"Oggi è indispensabile avere una strategia di marketing efficace, per un salone di bellezza come per ogni altra attività. Non ti puoi permettere di ignorare questo fatto. Quello che forse molti non sanno è che, adottando i giusti protocolli, il marketing e la pubblicità vanno da sé, mentre altri aspetti del salone, nonostante i provvedimenti che si possono prendere, conservano sempre delle resistenze, come ad esempio la gestione del personale. Di base, per ottenere dei risultati nel tuo salone vanno impiegate delle strategie consolidate ed efficaci.

In pratica, il Metodo Salone Online® di Joelle potenzia il marketing migliorando la gestione dei social e la notorietà del salone attraverso un management semplice e lineare.

È chiaro che è un percorso duro, bisogna anche sudare. Ma il problema principale non è quello, bensì la mentalità del titolare. Abbiamo potuto constatare tre ostacoli ricorrenti nel loro atteggiamento mentale che possono frenare qualsiasi strategia gestionale intrapresa:

1.   Non avere fiducia nel consulente. Questo è l'errore più grave, che non permette di crescere. Secondo me, le cause di questa diffidenza sono la disabitudine oppure le ferite ancora aperte da brutte esperienze passate. È vero che in Italia i titolari non sono abituati a ragionare in termini di indici di marginalità e fatturato. Quando entrano in Joelle hanno difficoltà nel confrontarsi con saloni, invece, che macinano risultati affidandosi alle competenze dei consulenti.

2. Avere paura del successo. Ebbene sì, sembrerà strano, ma è comune che un titolare abbia il timore di attuare dei cambiamenti nella sua attività; fatica a uscire dalla comfort zone.

3. Non essere razionali davanti ai dati. Le nostre strategie sono il frutto di anni di esperienza e di continuo aggiornamento. Abbiamo dei dati, abbiamo centinaia di saloni che hanno raggiunto i loro risultati. Ancora una volta, sono l'irrazionalità e la paura che impediscono di vedere le cose per come stanno veramente."

"Di che cosa ha bisogno un parrucchiere? Questo mi sono chiesta e continuo a chiedermi ogni giorno. Mi sento di rispondere: supporto. Questa è la missione del Metodo Salone del Futuro®, il servizio di consulenza gestionale di Joelle. Abbiamo creato un team preparato per fornire una guida su come affrontare i problemi in salone. Quali sono questi problemi?

La cliente è informata e chiede sempre di più: noi offriamo formazione, diamo degli strumenti per formare un team di successo.

Si sente spesso dire in giro che il Degradé sia una tecnica molto complicata e difficile da imparare, quindi non sarebbe saggio impararla a carriera inoltrata. Niente di più falso. Perfino i principianti che partecipano soltanto a un corso base, una volta entrati in salone, sono già in grado di realizzare un Degradé. Come è possibile? Grazie a programmi formativi eccellenti. Certo, la tecnica del Degradé è complessa, richiede precisione e disciplina, eppure a livello operativo risulta sorprendentemente facile se insegnata secondo metodi di apprendimento efficaci e consolidati da anni di esperienza.

Un altro problema è che i titolari non riescono ad attirare la clientela che desiderano: Joelle fornisce uno sviluppo della comunicazione, ovve-

*ro come sfruttare la presenza online per far arrivare la mia competenza
e professionalità a chi mi interessa.*

*Infine, non tengono sotto controllo i numeri del salone (anzi ne sottovalutano l'utilità): per poter ottimizzare la produzione dello staff e massimizzare gli incassi dei saloni, è necessario conoscere e saper interpretare
ciò che si nasconde dietro i numeri. Mi piace spesso pensare al titolare
come a un comandante di una nave: come può stare in mezzo al mare,
magari in mezzo a una burrasca, senza bussola e con una benda sugli
occhi? Impossibile. Voglio dire che oggi essere parrucchiere significa fare
meno l'artista e più l'imprenditore, il comunicatore e il leader del proprio team. Mentre il consulente, secondo me, è come un angelo custode:
è protettivo verso il titolare e il salone, come se fosse suo. Infatti, studia
la situazione, lo storico e poi, in base alle esigenze del titolare, definisce
la strategia per portarlo agli obiettivi finali prevedendo i problemi che
si potrebbero palesare. Questo perché il coach può contare su un campione di ben cinquecento saloni. Di sicuro, questo rapporto di fiducia
e dedizione, declinato nelle prestazioni di un team di esperti, diventa
la base solida di un'attività, trasformandola, nel lungo periodo, in una
macchina perfetta."*

Questi elementi fanno la differenza e sono stati di centrale importanza nella crescita non solo del gruppo, ma anche dei saloni stessi.
Per questo Diego e Susanna, i miei due figli con cui condivido lo
stesso punto di vista aziendale, hanno assunto ruoli decisivi.

Dopo le intuizioni tecniche del Degradé e del Taglio Punte Aria
e dell'espansione fuori dalle Marche, il terzo momento di svolta
nella mia carriera e nella storia del Degradé è stato proprio il loro
ingresso nell'attività.

Infatti, loro hanno sostanzialmente messo ordine e creato un'azienda capace di vivere sul mercato. Se ciò non fosse avvenuto saremmo rimasti un piccolo gruppo che avrebbe esaurito la capacità di rinnovarsi e, di conseguenza, sarebbe affondato; un po' come quei colleghi che anni prima non riuscivo a convincere perché semplicemente non prendevano in considerazione che il tempo passa e, a volte, lascia qualcuno per strada.

Diego e Susanna, invece, ci sono riusciti preparando una squadra veramente speciale, che porta avanti il progetto con grande dedizione e maestria. Nello specifico, abbiamo potenziato, oltre al programma formativo, la consulenza che fino a poco tempo fa era marginale alla tecnica del Degradé.

Ieri era molto più facile fare il parrucchiere. Io sono un parrucchiere, posso dirlo tranquillamente. Siamo egocentrici, ci piace apparire. In passato, infatti, la maestria era sufficiente; se eri bravo, la gente veniva in salone. Ma questo non basta più. Oggi bisogna lavorare in squadra. Devi saper gestire un salone, più che fare il parrucchiere, banalmente dalla metratura di lavoro alla preparazione impeccabile dei collaboratori. L'arte del parrucchiere è stata molto ridimensionata, oggi la cliente sa quello che vuole. Ci vuole attenzione. Bisogna essere attenti alle clienti e parlare molto con loro sia per capire cosa vogliono veramente, sia per capire in anticipo le tendenze. Impegnarsi totalmente nell'operatività del salone significa anche poter dedicare il giusto tempo a ogni cliente e fornire un servizio di qualità. Insomma, non puoi fare tutto da solo, l'organizzazione, il marketing, la gestione, deve essere affidata a esperti, consulenti del settore.

LA TECNICA DEGRADÉ

Dopo aver raccontato la storia del Degradé, dalla nascita alla sua evoluzione all'interno del mondo Joelle, è il momento di entrare nel vivo della questione per esplorare gli aspetti tecnici del Degradé originale.

La tecnica rappresenta la base del nostro lavoro. Non è possibile realizzare una forma d'arte o di maestria senza la padronanza di una tecnica. Banalmente, prima lo scultore deve imparare a non darsi lo scalpello sulle mani e solo successivamente può passare alla creazione. Allora, è sicuramente indispensabile acquisire delle solide basi tecniche per eseguire il Degradé, ossia sviluppare il gesto. Il tempo e l'esperienza ti renderanno un professionista.

Nel mondo dell'hairstyling esistono solo due tecniche di colorazione che possono definirsi complete: la colorazione orizzontale e il Degradé. Cosa intendo per colorazione completa? Quell'azione che consente di compiere il cambiamento cromatico desiderato dalla cliente su tutti i capelli e in un solo intervento. Pensiamo a un cambio di colore totale o parziale, a una copertura di capelli bianchi, oppure a una schiaritura, a un riequilibrio di sfumature o a una correzione di un colore precedentemente applicato. Le altre eseguono sfumature, sovrapposizioni di colore oppure applicano riflessanti e cosmetici fugaci.

La colorazione orizzontale è quella tecnica di colorazione che prevede l'applicazione del colore scelto su tutta la superficie dei capelli. Per ora ci basti sapere che così si trattano tutti i capelli andando da

un punto di partenza A a un punto di arrivo B. Nella sezione dedicata alle differenze con le altre tecniche approfondirò l'argomento. Il Degradé prevede l'utilizzo di più tonalità stese verticalmente solo su alcune ciocche. Grazie al suo procedimento più complesso e stratificato, il Degradé è un servizio versatile che permette di realizzare vari obiettivi in una singola seduta. Infatti, con un solo passaggio si può:
• schiarire
• scurire
• colorare
• ristrutturare
• coprire i capelli bianchi
• creare sfumature
• tonalizzare
• cambiare altezza di tono al colore

Il Degradé è come il Lego, una volta che si inizia a capire come si posizionano i pezzi, come procedere incastrando mattoncini, si apre un mondo di possibilità. In base all'applicazione e all'utilizzo delle prese si scoprono sempre cose nuove e diverse, per questo il Degradé è sempre in continuo sviluppo.

Caratteristiche della tecnica

I principi fondamentali del Degradé, le sue caratteristiche tecniche, lo hanno reso una vera e propria formula di successo. Ho definito spesso il Degradé come il perfetto equilibrio tra bellezza, salute e desiderio. Ora ti spiego il motivo.
In primis, non posso non parlare dell'effetto sfumato, ciò che definisce il marchio di fabbrica del Degradé. Il colore finale che sfoggia la cliente non è dato da colori miscelati tra di loro nelle ciotole, ma

da varie percentuali di capelli colorati in modo differente. Il Degradé è unico
perché, invece di miscela-
re i colori nella bacinella,
mescola capelli colorati
tra loro. Ecco il cuore, il
nucleo della tecnica. Ecco
la rivoluzione del settore
dell'hairstyle. Così come
gli impressionisti alla fine
del Diciannovesimo se-
colo hanno osato gettare
i colori puri accostandoli
direttamente sulla tela e
lasciando all'occhio dello

spettatore il compito di ricreare l'immagine – quindi di fatto hanno cambiato la storia della pittura – allo stesso modo è successo con
il Degradé negli anni Novanta, quando iniziai a dipingere un'ac-
curata selezione di ciocche con diversi colori, generando l'effetto
visivo di una gradualità cromatica. Ovviamente la scelta dei colori,
delle tonalità e dei loro accostamenti deve essere frutto di studio e
maestria. Sfumature luminose, brillanti, ricche di sfaccettature e di
chiaroscuri: questo è il fascino del Degradé.
Madre Natura è stata – e continua a essere – la mia musa ispiratri-
ce. Come altro avrei potuto fare una colorazione a una ragazzina
di tredici anni senza che il padre se ne accorgesse? Ai miei occhi
soltanto la natura sarebbe riuscita a mascherare un cambiamento
di colore, perché essa esprime al massimo le potenzialità della luce
attraverso la ricchezza delle sfumature e delle ombre. Per i capelli
vale la stessa cosa: se osservassimo attentamente il colore naturale

di ognuno di noi, esso presenta tonalità peculiari. Inoltre, il nostro capello dialoga costantemente con i fenomeni naturali: l'umidità, il vento, il mare e soprattutto l'esposizione al sole. E come ogni tipo di dialogo, trasforma. Dalla fascinazione per la trasformazione che avviene nella natura e tra la natura, tra i capelli e i fenomeni naturali, è nata la volontà di riprodurre questo processo con dei mezzi tecnici. Infatti, perché ci piacciono tanto le schiariture estive sui capelli? Semplice, perché ci fanno apparire più belli.

Siamo giunti a un'altra caratteristica centrale: il ruolo del patrimonio naturale di ognuno di noi. Non distorcere, non stravolgere, non cancellare ma rispettare, esaltare e valorizzare la naturale bellezza di ogni donna. Questa è la filosofia Joelle sostenuta dalla tecnica del Degradé, che permette di cambiare pur mantenendo la base naturale. Ho scelto proprio la parola "filosofia" perché concepire l'hairstyling in questi termini mette in gioco la visione stessa della donna.

Il sottotesto delle tecniche tradizionali, che sono invasive e vanno a impattare profondamente sull'aspetto esteriore perché hanno risultati lontani dalla base naturale, è il seguente: «Così come sei non va bene, devi cambiare». Al contrario, il Degradé ti dice: «Sei perfetta, non hai bisogno di nasconderti. Vuoi cambiare qualcosa? Puoi modificare e valorizzarti, ma tranquilla, ti riconoscerai sempre allo specchio; sarai semplicemente più bella».

Le tendenze dettano legge nel nostro campo, e quella dell'effetto naturale si sta diffondendo in maniera preponderante. La caratteristica chiave del Degradé di impiegare varie tonalità di colore lo rende lo strumento ideale per valorizzare non soltanto la chioma ma anche il viso, rendendolo di fatto più armonico. Ad esempio, se una signora ha un bello sguardo si schiariranno i capelli all'altezza degli occhi. Al contrario, in caso di zone con squilibri geometrici o lineamenti non proporzionati si andrà a correggerne i volumi con

ciocche più scure. Perfino per uno degli argomenti più delicati e problematici, come quello dei capelli bianchi, l'impostazione rimane tale: capita che in alcuni casi, in accordo con la cliente, i bianchi vengano bilanciati, non nascosti. Questo accade sempre più spesso e per questo prevedo che in un prossimo futuro la donna non vorrà più cancellare orizzontalmente i propri capelli bianchi, perché si sta facendo avanti l'accettazione del proprio cambiamento. Insomma, esiste un Degradé per ogni donna. Sia perché la chioma di ogni donna ha naturalmente dei colori e delle geometrie uniche, sia perché le nuance esprimibili attraverso il Degradé sono pressoché infinite, dunque si possono articolare a seconda dei desideri delle clienti.

A proposito dei desideri delle clienti, spesso al parrucchiere sembrano soltanto ideali irraggiungibili. Ribadisco, come ho fatto nel primo capitolo, che la soddisfazione delle clienti è un aspetto cruciale per il successo di un salone. Come del resto per ogni attività che eroga dei servizi. Specialmente oggi dove a una crescente concorrenza tra i saloni si affianca un tipo di clientela sempre più esigente e consapevole.

Infine, a complicare maggiormente il quadro mi sento di aggiungere un altro fattore: il mutamento frenetico delle tendenze dovuto ai social network. Allora, è chiaro che il parrucchiere, per non rimanere indietro e per far crescere il business, ha bisogno (almeno) di due cose: una squadra coesa che lavori bene (e di questo non mi occuperò qui) e uno strumento tecnico versatile, agile e completo, capace potenzialmente di soddisfare tutti i desideri delle clienti.

Come riuscirci? Seguendo un motto ultimamente osannato da molti formatori d'impresa: "fare meno (e meglio) per fare di più". Il Degradé, a guardarlo bene, è proprio questo, fa meno per fare di più.

Innanzitutto, sfrutta in verticale la superficie del capello; così facendo, da una parte frammenta e si relaziona con la ricrescita, preparando così il colore ad accogliere il cambiamento nel tempo, dall'altra ci consente di trattare soltanto porzioni limitate della chioma (e il risparmio qui è anche per la salute delle nostre clienti). Bisogna aggiungere poi, come ho appena detto, che in termini di efficienza questa tecnica non ha rivali: con una sola seduta la cliente nel 90% dei casi porterà a casa ciò che voleva.

Bene, ma quanto impegno costerà? E soprattutto quanto tempo è necessario per fare un Degradé? Sembra incredibile, ma un'altra caratteristica tecnica consiste nella tempistica di applicazione considerevolmente contenuta, dai 45 ai 60 minuti massimo.

Abbiamo lavorato molto per potenziare il canale principale della nostra formazione, per efficientare al massimo il trasferimento della conoscenza del Degradé alla sua applicazione. In altre parole, un parrucchiere dopo il suo primo corso base esegue un Degradé degno del suo nome nel giro di un'ora circa. Va sottolineato che, in qualsiasi settore, la differenza tra un prodotto commerciale e uno artigianale è profonda. È chiaro che esistono nel mercato altre tecniche, ma qui c'è in gioco una scelta molto centrale per il business di un salone: scegliere un lavoro di qualità. Il team Joelle fin dal suo esordio si è contraddistinto per l'elevato prestigio del suo servizio, grazie al Degradé, la sua specialità nel menù. E, francamente, sono convinto (e fiero) di aver fatto la cosa giusta. Infatti, offrire dei servizi del genere non consiste soltanto nell'usare sapientemente una tecnica per far lievitare lo scontrino medio rispetto a un servizio rapido e commerciale, ma significa soprattutto creare valore. Creando valore attiriamo una clientela migliore, più esigente, è vero, ma disposta a spendere di più.

In ultimo, sicuramente non per importanza, devo citare un altro aspetto su cui poggiano i pilastri della *vision* Joelle: la salute dei capelli. Il Degradé è la tecnica meno invasiva presente sul mercato e questa caratteristica ci distingue e ci differenzia fortemente dagli altri. Tutti sanno che le tinture danneggiano i capelli, o almeno li indeboliscono, non prendiamoci in giro. Quindi, offrire un servizio di colorazione del genere, che garantisce di preservare e rispettare la naturalezza della chioma pur raggiungendo gli obiettivi estetici desiderati, è un vantaggio competitivo considerevole.

Tutto ciò è possibile grazie anche al fatto che la colorazione, nell'applicazione di un Degradé, può coinvolgere anche solo una parte ridotta della massa dei capelli che può essere tra il 40% e il 10%. Si tratta di un dato veramente impressionante se noi riflettiamo sul fatto che tutti quei capelli non toccati possono rimanere in vigore, sostenere e valorizzare la colorazione e, quindi, essere sani e forti per i prossimi ritocchi.

Questo significa meno disagi per la cliente perché i disagi, si sa, sono accompagnati presto o tardi a cambi di soluzione, che rappresentano per il parrucchiere la situazione peggiore: la perdita di clienti.

Le donne sono sempre più consapevoli. La società offre innumerevoli risorse da cui le nostre clienti possono informarsi, ricercare e, di conseguenza, scegliere cosa sia meglio per loro e per i loro capelli. In questo senso, la nostra preoccupazione per la salute dei capelli non riguarda semplicemente la dimensione quantitativa – trattare meno capelli – ma si esprime anche in termini di qualità. E proprio parlando di qualità, il Degradé, quello originale, è nato con i prodotti Wella Professionals. Sia per motivi tecnici – che vedremo più avanti – sia perché vengono utilizzati in modo tale da ridurre al minimo le alterazioni delle condizioni naturali del capello.

I prodotti riflessanti privi di ammoniaca vengono impiegati in quantità maggiori rispetto alle altre tecniche di colorazione, favorendo un effetto più naturale e minimizzando l'impatto della colorazione sui capelli. Più avanti dedicherò una parte proprio alla descrizione dei prodotti, ora basta considerare che il Koleston Perfect e il Colour Touch, prodotti impiegati nel Degradé da sempre, lavorano in perfetta sinergia per raggiungere un effetto colorante concreto e più duraturo possibile e allo stesso tempo riducono ai minimi termini l'impatto sulla struttura capillare.

Ebbene, come si dovrebbe definire la tecnica del Degradé se non il perfetto equilibrio tra bellezza, salute e desiderio? Il mio sogno era di realizzare tutto l'anno quelle meravigliose schiariture che soltanto il sole d'estate ci concede in spiaggia. Ci sono riuscito, ci siamo riusciti. Ormai, ci distinguiamo per essere artisti del colore, delle nuance e di una brillantezza senza eguali. La donna con Joelle può pensare in grande e concedersi tutto quello che ha sempre desiderato senza che la propria chioma perda quell'effetto naturale e, nella maggior parte dei casi, in un unico step.

È chiaro che se la cliente desidera delle tonalità molto distanti dalla sua base avremo bisogno di pianificare con lei più sedute. Entrare nel mondo Degradé Joelle significa anche per la cliente concepire la colorazione in maniera differente dal solito. Dopo anni di colorazioni orizzontali che hanno abituato alcune di loro a risultati immediati e poco versatili, e quindi agli inevitabili disagi sul lungo periodo, in qualche modo dobbiamo convincere la nostra cliente a una prassi estetica più leggera e divertente. Grazie al nostro progetto di colorazione, in cui le clienti vengono accompagnate passo passo in questo cambiamento, possiamo convincerle che con il Degradé possono raggiungere qualsiasi obiettivo e rispettare sé stesse. Senza indugio, il Degradé è inoltre realizzabile su qualsiasi lunghezza di capelli. Si presta perfettamente per i capelli ricci e per quelli lisci ed è in grado di valorizzare qualsiasi tipo di taglio e di acconciatura. L'effetto naturale dei capelli baciati dal sole è sì il nostro punto di forza ma, in realtà, con il Degradé si possono ottenere risultati altrettanto particolari e, se vogliamo, in un certo senso artificiosi. Infatti, il Degradé è talmente versatile che si possono raggiungere gli stessi risultati estetici delle altre tecniche come il Balayage, le Meches o lo Shatush.

Credo che questa tecnica realizzi appieno la definizione che gli ho poc'anzi attribuito, in quanto rappresenta il distillato di tutte le altre tecniche in un'operatività organica e completa.

Ma se hai qualche dubbio a riguardo il modo migliore per valutarla è confrontarla con le altre.

Differenze tra la tecnica del Degradé e le tecniche tradizionali

Colorazione orizzontale

La colorazione orizzontale è il classico colore che normalmente serviva per coprire i capelli bianchi o schiarirli in modo uniforme. Poi è comparso nel mondo dell'hairstyle il Degradé, che invece applica la colorazione in verticale e si posiziona, con il colore orizzontale, come unica tecnica di colorazione che si può definire "completa". Ma se andiamo ad analizzare più nel dettaglio le differenze tra le due tecniche possiamo notare che: la colorazione orizzontale, per raggiungere una tonalità di colore diversa da quella di partenza, colora in orizzontale il 100% dei capelli senza una vera e propria analisi della texture. Nella consulenza Joelle, eseguita prima del Degradé, invece, viene studiata la situazione della cliente per offrire un'applicazione del colore personalizzata. E ancora, nella colorazione orizzontale, a prescindere dalla base, si utilizza una sola tonalità. Nel Degradé, al contrario, vengono impiegate più tonalità di colore, vicine al colore prescelto dalla cliente e calibrate sulla sua base, su alcune ciocche si creano sfumature e profondità uniche. Per quanto riguarda i prodotti utilizzati, si possono impiegare gli stessi colori sia per il Degradé che per la tinta classica. Ciò che cambia è appunto il loro impiego e la modalità di applicazione. L'effetto finale della colorazione orizzontale sulla chioma è patinato, ma con un carattere piuttosto deciso che a volte risulta piatto.

Il Degradé, rispettando il patrimonio naturale della cliente valorizzandolo con sfumature e giochi di luce, produrrà un risultato artistico dinamico, profondo e ricco di tonalità, ma soprattutto è unico. Non esiste infatti un degradé uguale a un altro, e questo è molto importante per le clienti che possono scegliere di apparire come vogliono veramente.

Da un punto di vista tecnico, l'esecuzione di una colorazione orizzontale semplifica e velocizza il lavoro. In un solo passaggio la colorazione orizzontale riesce a schiarire, scurire, tonalizzare, cambiare colore. Con il Degradé, anche se con un'azione più complessa, con un solo passaggio come nella classica tinta, è possibile ottenere un risultato nettamente superiore. Ha un tempo di applicazione leggermente superiore e un rito leggermente più articolato rispetto alla colorazione orizzontale. La complessità e il tempo di esecuzione rispetto alla colorazione orizzontale, sono in realtà dei vantaggi. Grazie alla sua lavorazione meticolosa e laboriosa si possono controllare meglio gli inevitabili cambiamenti che si presenteranno in futuro, una volta che le clienti sono uscite dal salone. Mi riferisco alla gestione del colore, della ricrescita e alle condizioni di salute dei capelli.

Porto subito un esempio pratico: quando si tenta di scurire un colore chiaro con la tecnica tradizionale, dato che si deve applicare su tutta la massa dei capelli un colore più scuro, le difficoltà sono altissime; questo perché utilizzando un colore uniforme su tutta la chioma può succedere che alcune zone non reagiscano come previsto. Questo significa che non è possibile avere un controllo adeguato su tutta la soluzione tecnica.

Con il Degradé, invece, riusciamo a scurire in modo agevole perché interveniamo attraverso percentuali di capelli di colore diverso: questo ci permette di dosare tranquillamente il lavoro da svolgere.

L'effetto ricrescita è un altro tasto dolente delle tinte classiche. Quando si colora uniformemente e completamente i capelli si ha un risultato estetico immediatamente apprezzabile ma, non appena la crescita capillare avanza, la differenza con quelli colorati crea un impatto visivo importante. Tenendo conto del fatto che i capelli di una donna in media possono crescere anche di mezzo centimetro dopo due settimane, è comprensibile come la colorazione orizzontale accentui la ricrescita sin dalle prime settimane. I possibili rischi di lavorare in questa direzione sono almeno due: il primo è dato dal fatto che la cliente *contemporanea*, che abbiamo visto essere molto esigente e consapevole, non si sente soddisfatta, la sua immagine non è impeccabile come pretende; il secondo rischio, molto più concreto, riguarda la salute dei capelli.

Lavorando ogni mese sulla ricrescita si sovraccaricano i capelli già colorati in precedenza. In alcuni casi si è anche costretti a schiarire con un ulteriore processo di pulizia del colore tramite l'utilizzo del decolorante. Conosciamo bene la condizione dei capelli dopo che hanno subito uno o più passaggi di decolorante: essi appaiono sensibilizzati e spenti. Il Degradé risulta molto più leggero perché possiamo scegliere di applicare anche per una sola volta un colore o l'altro e, proprio perché applicato in verticale, possiamo tranquillamente evitarne la sovrapposizione. I vantaggi reali del Degradé rispetto alla colorazione tradizionale sono sensibilmente maggiori. Se ci pensiamo attentamente, la complessità del Degradé non è un problema. Anzi, è una risorsa: in primo luogo ci aiuta a gestire agilmente il colore e a risolvere due grandi problemi storici, come eliminare – o almeno mitigare fortemente – l'effetto ricrescita (che nel nostro concept viene addirittura valorizzato come parte integrante della colorazione) e come ridurre l'impatto negativo della tinta sulla salute dei capelli.

In secondo luogo, la complessità ti garantisce una forma di qualità nettamente superiore. La maestria dell'applicazione è un valore aggiunto che ti permette di vendere questo servizio a un prezzo nettamente superiore. È chiaro che una cosa complessa non significa sia difficile – necessita di una grande attenzione per essere padroneggiata con arte. Per muovere i primi passi sono necessari soltanto alcuni corsi. Già dai primi due giorni di formazione si possono fare degli ottimi Degradé, è ovvio che per diventare dei veri esperti sono necessari anni e anni di esperienza.

La professionalità crea valore percepito. Allora, è proprio questa complessità che ci permette di aumentare il nostro potere attrattivo (maggiore e migliore clientela) e alzare l'asticella dei prezzi.

Meches e colpi di sole

Negli anni Settanta questa tecnica spopola nei saloni di tutto il mondo raggiungendo il picco di notorietà successivamente, negli anni Novanta, con i capelli coloratissimi delle popstar nelle trasmissioni televisive.

Sono i contrasti netti tra le ciocche e il colore di base (che sia naturale o applicato in orizzontale) ad aver reso così amata questa tecnica dalle donne di tutto il mondo. Qual è la differenza che corre tra Meches, Colpi di sole e Degradé? Innanzitutto le Meches si differenziano dai Colpi di sole semplicemente perché le prime sono eseguite con il decolorante, mentre i secondi con il colore. Sono entrambi un effetto di colore fantastico, ma incompleto, e quindi non possono essere definiti "tecnica di colorazione" al pari della colorazione orizzontale e del Degradé, con cui invece possiamo realizzare tutto. Con il Degradé si possono realizzare le Meches e i Colpi di sole, con le Meches e i Colpi di sole non si riesce a eseguire il Degradé.

Il punto su cui vorrei insistere è che Meches e Colpi di sole sono un complemento parziale di un colore naturale che già esiste, o un colore orizzontale applicato. L'unica cosa che può farci considerare il Degradé l'evoluzione delle Meches e dei Colpi di sole è l'applicazione del colore in verticale.

Nonostante quanto detto finora e la somiglianza che possono avere queste due tecniche a un occhio inesperto, ci sono alcune differenze importanti da segnalare. L'applicazione delle Meches prevede di selezionare alcune ciocche, isolarle accuratamente dal resto dei capelli, per procedere poi con la colorazione verticale. Le ciocche possono di solito essere sottili, spesse, di forma piatta, ma anche molto grandi, dipende dal tipo di colorazione che si applica. Dato che a livello tecnico in genere si usa singolarmente una sola di queste forme di ciocca, abbiamo delle limitazioni notevoli per quanto riguarda l'elasticità del colore e la possibilità di dare delle sfaccettature particolari alla massa dei capelli. Le Meches e i Colpi di sole sono un ottimo lavoro e ci danno la possibilità di cambiare dei toni di colore, schiarire e scurire alcune parti dei capelli in modo deciso e scompattato. Un ottimo lavoro, ma poco incline per i lavori compatti.

Quindi, sarebbe preferibile effettuarlo soltanto su capelli sottili e poco voluminosi per evitare spiacevoli sorprese finali. Invece, se si sceglie una tonalità affine alla propria base, il passaggio tra la zona colore e la base rimane comunque netto, si percepisce il contrasto perché la sfumatura che si viene a creare non è omogenea. Infatti, ad esempio, la forma a lunetta presenta un rigonfiamento al centro che ha lo svantaggio di rendere la decolorazione più visibile ai lati rispetto alla parte centrale. Nel Degradé le ciocche selezionate sono di forma e dimensione diverse e nel nostro gergo vengono chiamate "prese". Possiamo intuire come la possibilità di usufruire di una varietà di ciocche si risolva in una libertà tecnico-artistica superiore. Le Meches richiedono lunghi tempi di esecuzione uniti a un grado avanzato di difficoltà. Perché? Perché per colorare viene utilizzato un prodotto soltanto e si deve evitare in ogni modo che esso sbordi sui capelli circostanti. In alcuni casi a questo scopo si fa indossare anche un'apposita cuffia dotata di fori da cui fare uscire i capelli da schiarire, per tutta la loro lunghezza. Il principio rivoluzionario del Degradé rispetto alle Meches è che si applicano su ciocche vicine due prodotti diversi e riusciamo ad applicare il colore su base, lunghezza e punta. Ora è chiaro che, da una parte, l'operatore che vuole eseguire correttamente delle Meches deve prestare grande attenzione ed essere una persona esperta; dall'altra, lasciare uno *spazio di sicurezza*, per scongiurare la diffusione del prodotto ai capelli vicini e la creazione di macchie, significa non arrivare con il colore fino alla radice. Se non si arriva alla radice, anche soltanto per quei 4 o 5 millimetri, necessariamente si riduce la durata del trattamento.

Infine, va detto che, per quanto parziale siano, le Meches nascondono il colore naturale delle clienti; o meglio, non hanno lo scopo esplicito di valorizzare la base.

Connesso a questa caratteristica, ci sono anche altri vantaggi che ha il Degradé rispetto alle Meches: integrare efficacemente la ricrescita naturale dei capelli, bilanciare (o eventualmente coprire) i capelli bianchi e sfumare i capelli che non vengono colorati. Tutto sommato, entrambe sono colorazioni che mantengono sani i capelli delle clienti, ma non durano altrettanto nel tempo. Da un punto di vista tecnico ed estetico, il Degradé è una tecnica sia più facile e veloce da eseguire, sia più versatile e adattabile alle richieste delle tendenze. A conferma di questo, le creazioni Degradé possono andare dalle acconciature naturali "sole, sale, mare" con nuance leggere a effetto naturale a contrasti forti e netti come quelli delle Meches.

Shatush

Lo Shatush è ormai una delle tecniche più in voga degli ultimi vent'anni. Infatti, non è soltanto molto amata e ricercata all'interno dei saloni dalle clienti, ma è anche diffusa nell'alta moda e tra le celebrità. Confrontarsi con lo Shatush, per un parrucchiere, significa comprendere un passaggio storico fondamentale nel nostro settore: la transizione dal classico al moderno, dalla colorazione orizzontale a quella verticale. Posso dire, senza dubbio, che si contende con il Degradé e il Balayage lo scettro di prodotto di punta dei saloni per il fatto che sono nate dalle stesse esigenze di modernità e perseguono gli stessi scopi estetici.

Dal punto di vista tecnico e operativo, lo Shatush si compone di due processi: la cotonatura dei capelli, che dando consistenza alla base e togliendo una percentuale di capelli alle punte, ci permette di colorare solo una percentuale di capelli, mentre l'altra resta compressa alla base. Il processo di schiaritura delle ciocche prevede due opportunità principali: se la chioma di partenza ha già una colorazione uniforme, le radici non vengono toccate e il parrucchiere colora o decolora il capello a partire da 4-5 centimetri dall'attaccatura; mentre, in caso di capelli già trattati da precedenti lavorazioni e con una ricrescita molto accentuata o in presenza di capelli bianchi, bisognerà anche colorare o decolorare le radici per creare una base di colore uniforme su cui applicare lo Shatush. Spesso, quindi, è necessario eseguire la base di colore, colorando integralmente la chioma, per poi procedere all'applicazione del decolorante sulle lunghezze. Queste ultime vengono quindi colorate con tonalità diverse: in questo modo si possono ottenere contrasti netti o più delicati a seconda della differenza di gradazione con le radici.

Lo Shatush è una tecnica estremamente versatile e personalizzabile: si addice a qualunque tipo di colore. I risultati sono molto più luminosi, dinamici e naturali rispetto alle Meches o alle tradizionali tinte orizzontali. Ovviamente, per garantire un effetto naturale vanno applicate colorazioni non troppo distanti da quelle di

partenza. A livello visivo è simile ad altre tecniche di colorazione verticale come il Balayage e il Degradé.

Anche lo Shatush condivide con il Degradé sia la potenzialità di essere adatto a qualunque tipo di capello, sia l'effetto ricercato delle sfumature naturali. Inoltre, come si è visto, entrambe propongono uno stile moderno e ricercato. Eppure, permangono differenze rilevanti se paragoniamo lo Shatush al Degradé.

Analizziamo dapprima le criticità estetiche.

La versatilità dello Shatush è sorprendente e ha contribuito sicuramente al suo successo. A ogni modo, rimane un effetto di colore e non una tecnica di colorazione completa come il Degradé. Inoltre, bisogna sottolineare che, se parliamo di Shatush, procedendo con più passaggi costanti e continui si rischia di alterare sia il colore che la struttura dei capelli. Questa caratteristica si collega a un'altra: non troviamo il dialogo armonico tra il vecchio e il nuovo, che invece è tipico del Degradé. Mi spiego meglio: nello Shatush, di solito lo stacco di colore tra la base e le lunghezze è piuttosto netto; inoltre, si accentua ogni volta che si ripete l'operazione e non abbiamo nessuna possibilità di tornare indietro. Questo dipende anche dall'utilizzo dei prodotti: lo Shatush usa solo decolorante sulle lunghezze, a seconda delle esigenze variano i volumi di acqua ossigenata e i tempi di posa; per il Degradé, invece, si impiegano diversi tipi di prodotti, tra i quali colorazioni semi-permanenti senza ammoniaca, colorazioni permanenti per capelli e veri e propri schiarenti che scaricano in modi e tempi diversi. Lo Shatush è un ottimo lavoro, ma ha i suoi limiti: con lo Shatush la cliente è costretta a visite frequenti dal parrucchiere non solo per coprire la ricrescita, ma anche per ravvivare il colore, il quale si spegne in poco tempo.
Quindi, tecnicamente parlando, ci sono molti elementi che rendono lo Shatush uno stile di colorazione fantastico che esalta la bellezza dei capelli, ma ha problemi di gestione che nel tempo possono essere complicati.

Balayage

Il Balayage è una tecnica che nasce intorno agli anni Settanta in Francia. La procedura di esecuzione per questa tecnica è piuttosto agile e veloce, il parrucchiere divide la massa dei capelli in sezioni a forma di stella; successivamente inizia a pennellare in verticale le ciocche creando riflessi ed effetti di luce molto naturali. Spesso, il lavoro si concentra sulle lunghezze, lasciando naturali le radici. La bellezza di questa tecnica sta proprio nel gioco di luci e nuance tra le radici e le punte. Va sottolineato che si presta per schiarire qualsiasi colore di partenza, ma non risulta altrettanto efficace quando si vuole scurire.

Scendiamo nelle considerazioni tecniche. Entrambi gli stili prevedono di stendere il colore verticalmente. Il Balayage è un effetto di colore, basato sulla sovrapposizione di tonalità differenti, mentre il Degradé è una tecnica completa che, come abbiamo già detto, permette di schiarire, scurire e cambiare tono grazie all'accostamento di colori diversi. Oltre ai risultati estetici, il Balayage deve sicuramente la sua enorme diffusione anche alla sua rapidità di esecuzione e facilità di applicazione. Ebbene, la prospettiva di risparmiare tempo e fatica fa sempre piacere, specialmente in un lavoro come il nostro. Se pensiamo che queste due caratteristiche si abbinano a un prezzo più contenuto (per il parrucchiere e per la cliente finale) rispetto ad altre tecniche, come il Degradé, allora potrebbe sembrare la soluzione definitiva per il tuo salone. Ma non è così. Nonostante, un servizio facile, economico e veloce abbia un alto indice di fatturato, non sarà mai tanto conveniente quanto fare un servizio di qualità con lo stesso quantitativo di prodotto.

La grande differenza che esiste tra Balayage e Degradé è che con il Balayage non hai il controllo delle nuance che applichi, è solo fantasia. Il Balayage è molto interessante per creare dei punti luce rapidi e veloci, anche poco consistenti da un punto di vista economico per il salone, ma la mancanza di controllo dei quantitativi dei capelli che intendi colorare nell'applicazione non ti permette di risolvere i problemi che ci si presentano in ogni salone: cambiare colore, correggere colorazioni, scurire, schiarire, coprire i bianchi, ecc.

Ti ho parlato delle caratteristiche generali del Degradé che sono, in fondo, i motivi della sua unicità all'interno del panorama delle tecniche di hairstyling. Successivamente, abbiamo confrontato il Degradé con gli altri stili, elencando pro e contro. Non ti resta che seguirmi nel vivo della trattazione, per andare a scoprire da vicino la tecnica del Degradé.

Consulenza
prima del servizio

Prima di mettere le mani all'opera sui capelli delle clienti, l'operatore Joelle deve assicurarsi di comprenderne i desideri e, di conseguenza, avere una chiara idea di cosa fare. La fase progettuale conserva la sua importanza anche nel nostro lavoro. In questo passaggio bisogna fare la massima attenzione, è un momento delicatissimo. In una parola: la consulenza.

La consulenza è tutta quella parte di servizio che si svolge tra l'arrivo della cliente in salone e l'esecuzione materiale della colorazione. Insomma, per eseguire correttamente un Degradé è necessario effettuare un'analisi dei desideri della cliente, dei procedimenti e di quello che sarà poi il risultato finale. Paradossalmente, le clienti vogliono essere sicure di raggiungere i risultati che desiderano ma, allo stesso tempo, per un parrucchiere comprendere a fondo le loro richieste non è cosa facile.

Sai bene di cosa sto parlando, le clienti, spesso anche inconsapevolmente, non dicono direttamente ciò che vogliono, ma ci spingono a interpretare ed escogitare la migliore soluzione per loro. Mi riferisco qui all'empatia, alla comunicazione efficace, alla capacità di ascolto e all'intuizione. Sebbene questi siano ingredienti essenziali del nostro mestiere, ciò non basta a fornire un servizio impeccabile. Infatti, bisogna affidarsi anche a una disciplina che limiti al massimo il margine di errore e garantisca sempre ottimi risultati. Allora, soltanto l'adozione di un protocollo definito, che ogni collaboratore dovrà imparare a seguire, può essere di grande aiuto.

Sono tre gli step che formano la consulenza Joelle e questi vanno scrupolosamente rispettati: intervista, analisi della foto e costruzione della diagnosi. Riprendendo le riflessioni del capitolo precedente, quelle sul confronto con le altre tecniche, mi sento di inserire la concezione di una consulenza così strutturata come un altro aspetto che differenzia il Degradé nel mercato.

Come si può mettere al centro la cliente? Come concepire un servizio che rimanga fedele ai loro desideri e alle loro aspettative pur lasciando libertà all'estro dell'esecutore? Ben presto ho capito che potenziare la consulenza iniziale sarebbe stata la chiave risolutiva. In fondo, da un altro punto di vista è stato un passaggio obbligato per esprimere tutta la creatività di una tecnica sartoriale come il Degradé.

Per far sì che ci sia un Degradé per ogni donna, unico e incomparabile, bisogna sfruttare uno strumento efficace per capire cosa lei vuole veramente. In questo senso, l'esecuzione di un Degradé passa per una corretta consulenza, una parte tanto necessaria quanto sottovalutata perché considerata del tempo che noi, anziché dedicare all'operatività, cioè all'azione tecnica operativa, la dedichiamo al progetto colore che intendiamo offrire alla cliente. Questo in molti casi viene considerato tempo perso. Ci tengo a ricordarti che la fretta di agire ci fa incorrere in errori che possono essere veramente complicati da gestire, la maggior perdita delle clienti l'abbiamo perché non siamo riusciti a decifrare, a capire ciò che la cliente realmente vuole.

La consulenza si divide in due momenti: il momento dell'analisi del desiderio della cliente e la fase tecnica. Il primo porta via tempo, ma evita equivoci di interpretazione che a lavoro finito ci possono mettere nei guai; al secondo momento, cioè alla fase tecnica, va dedicato il tempo necessario perché il Degradé è una grande tecnica con cui otteniamo risultati mirabolanti, ma proprio per questo ha bisogno di essere studiato ogni volta con il tempo dovuto. Onestamente, oserei dire che la presentazione, la diagnosi e la preparazione del servizio sono molto

più importanti dell'esecuzione del Degradé stesso. Non a caso, nel secondo e nel terzo corso della nostra formazione del Degradé, ci sono specifiche giornate per entrare nel dettaglio, padroneggiare la tecnica nella sua completezza e spiegare tutti i benefici ottenibili dalla consulenza.

L'intervista

L'intervista segna l'inizio di ogni Degradé svolto in un salone Joelle. Infatti, è la prima parte della consulenza, dove comprendiamo i desideri della cliente e studiamo la sua situazione per capire come impostare il lavoro. Come abbiamo detto, padroneggiare egregiamente una tecnica non è indice assoluto di successo se non siamo altrettanto capaci di leggere e interpretare ciò che le nostre clienti richiedono. Questo primo colloquio è suddiviso a sua volta in due momenti: la comprensione dei desideri unita all'analisi dei capelli, e la scelta della foto.

L'analisi della situazione generale è ovviamente più importante nel caso di nuove clienti. A ogni modo, dopo aver stabilito la giusta connessione con la nostra cliente, studiamo i suoi capelli per comprendere la situazione attuale: vediamo il tipo di capello, le sue condizioni di salute, se è stato tinto e in che modo; magari possiamo fare domande sulle sue abitudini; ad esempio, chiederle quante volte intende venire in salone o quali prodotti predilige. Questa operazione, dedicata all'ascolto attivo delle richieste e all'analisi dei suoi capelli, viene pilotata verso la scelta di una foto, qualora lei non ne avesse già portata una. In questo momento, dal nostro atteggiamento di ascolto passiamo a quello assertivo di dialogo costruttivo. In altre parole, cerchiamo di individuare insieme, basandoci sulle sue idee, quale foto possa essere più rappresentativa per guidare la nostra operatività.

In questo momento, specialmente con le nuove clienti, può accadere una situazione in cui ti sarai imbattuto numerosissime volte: comunicare alla cliente che un certo risultato – ad esempio schiariture totali o passaggi di colore molto netto (molto distante dalla sua situazione attuale) non è raggiungibile in un solo passaggio. Il compito dell'operatore Joelle, in questo caso, sarà di trovare il punto d'incontro perfetto per soddisfare la cliente.

Qui entrano in gioco degli elementi che, in un certo senso, vanno a rieducare la consapevolezza della cliente riguardo la bellezza e la cura dei capelli. In sostanza, dobbiamo trasmettere il concetto che raggiungere quel risultato immediatamente, molto probabilmente, non è la scelta migliore per i suoi capelli. In primis, eseguendo un cambio estetico drastico nel giro di qualche ora creeremmo uno shock visivo che avrà bisogno, comunque, di tempo per essere digerito e accettato dalla persona, con il rischio di ripensamenti o, peggio ancora, di pentimenti. In secondo luogo, svolgere quel lavoro in un'unica sessione significa usare molto prodotto e, di conseguenza, stressare i capelli. Quindi, possiamo convincere la cliente a sottoporsi a più sedute per ottenere quel risultato, dicendole che questo passaggio sarà dolce e graduale e, soprattutto, la sua chioma ci guadagnerà in salute.

Di solito, l'intervista è condotta dallo stesso esecutore della colorazione, ma nel caso di collaboratore giovane e in crescita i ruoli si separano.

L'analisi della foto

Il secondo step della consulenza prevede un lavoro di analisi sulla foto. Come ben saprai, le foto che le clienti portano con sé in salone sono prese dai social, da internet.

Infatti nella maggior parte dei casi la cliente che visita il salone si presenta con delle foto prodotte dal salone stesso o, come ci raccontano molti titolari non Joelle, con foto prodotte dai nostri associati, in altri casi sono foto di personaggi famosi; comunque in ogni caso presentano di norma caratteristiche simili dettate dalle tendenze del momento. La foto, in ogni caso, è essenziale per ottenere una buona diagnosi. Sicuramente la scelta della foto da parte della cliente cadrà su una delle migliaia di foto prodotte da noi, solitamente i nostri saloni sono dotati di tablet o smartphone in cui vengono messe a disposizione le foto per essere consultate facilmente. Se noi presentiamo una foto è ovvio che il lavoro che intendiamo fare si semplifica, la foto in questione ci permette di analizzare con attenzione sia i desideri della cliente, che ha una visione chiara di ciò che lei potrebbe indossare perché la foto è di fronte a lei, ma anche di fare un'analisi tecnica per raggiungere l'obiettivo più agevolmente.

Ma in cosa consiste l'analisi della foto?
Destrutturare e ricostruire pezzo pezzo i colori nella foto tramite un processo fisso:
- Check stato attuale del capello della cliente
- Individuazione dei colori (altezze di tono e sfumature) nella foto
- Associazione di percentuali e prodotti da utilizzare
- Passaggio allo step successivo, la creazione della diagnosi

Dopo aver intervistato la cliente, e dopo aver scelto e studiato la foto, si può procedere al terzo e ultimo passaggio della consulenza: la costruzione della diagnosi.

La costruzione della diagnosi

Nell'ultima parte della consulenza, quindi sempre nel momento di analisi e progettazione precedente lo svolgimento del Degradé, costruiamo la diagnosi.
La diagnosi è una vera e propria formula che racchiude e spiega tutte le informazioni sul Degradé: su quali parti dei capelli svolgere la lavorazione, quali prodotti utilizzare per ottenere la colorazione richiesta dalla cliente e in quali quantità. Infatti, quando si costruisce la diagnosi, non ci si deve concentrare solo sulle singole nuances o sulla scelta delle riflessature, ma bisogna focalizzarsi sulle percentuali di colori usate (tra poco vedrai cosa intendo per percentuali).
L'importanza che assume la diagnosi nel Degradé è data da diversi fattori e non è riducibile al singolo servizio. Nel caso in cui siano

due i personaggi che prendono parte alla consulenza, nei ruoli di interprete ed esecutore, si capisce bene quanto sia fondamentale condividere un linguaggio comune per evitare di commettere errori nel passaggio di consegne. Inoltre, la diagnosi non è soltanto un'informazione utile a tracciare la storia della cliente nel nostro salone, ma anche ad aggiornare e migliorare continuamente la nostra tecnica. Infatti, è grazie anche alle diagnosi che il Degradé si è evoluto (e si evolverà) nel tempo ed è riuscito a rimanere al passo con le tendenze e i desideri delle clienti.

PRESIDIO 1,5 cm
1) 35% CT 7/0 - DH 20V
2) 35% KP 7/0 – KP 12/0 - DH 20V
3) 30% CREMA

Un esempio di diagnosi.

Infine, conservare le diagnosi ci permette di offrire del materiale di prima mano agli studenti per lo studio e l'esercitazione sulla tecnica.

Dunque, abbiamo scoperto un punto saliente della tecnica Degradé e della filosofia Joelle, ovvero la consulenza. Essa è un momento di studio e progettazione utilissimo a capire come entrare nell'operatività con chiarezza e precisione. In un certo senso rappresenta anche una guida per il parrucchiere, ma mai un limite. È vero che la consulenza è stata sviluppata per comprendere e realizzare veramente i desideri delle clienti, ciononostante non pregiudica in alcun modo l'espressione creativa dell'operatore. Noi parrucchieri siamo un po' eccentrici, sappiamo benissimo che abbiamo un gran bisogno di esibirci e direi che è un'ottima caratteristica finché questo spirito non fa passare in secondo ordine le richieste delle clienti, lasciandole, una volta fuori dal salone, semplicemente deluse. Per arginare queste incomprensioni la missione Joelle tende a raggiungere un sano equilibrio tra espressione e disciplina, in quanto la consulenza consente all'operatore di liberare la propria creatività e valorizzare ogni chioma con la propria esperienza professionale, rimanendo sempre fedele alla volontà delle clienti.

Ci siamo imbattuti in diversi termini tecnici del mondo Joelle che non ti ho ancora spiegato. È ora di occuparci proprio di questo tema per poter poi comprendere in un secondo momento gli aspetti tecnici del Degradé.

Terminologia

Ogni tecnica che si rispetti, oltre alle caratteristiche specifiche che la differenziano e agli strumenti necessari per applicarla, possiede una terminologia specifica. Ci siamo accorti con il tempo che un linguaggio tecnico è estremamente utile sul piano dell'apprendimento e su quello della comunicazione in salone.

Un operatore Joelle non perde mai la sua terminologia. L'apprendimento del gergo tecnico segue di pari passo l'esercitazione del gesto con tutti i suoi riferimenti teorici alla tecnica. La complessità tecnica del Degradé si rispecchia nella complessità del linguaggio da usare. In special modo, è possibile cogliere l'importanza della padronanza del linguaggio con la formazione ai livelli avanzati del Degradé, laddove le competenze operative sono messe alla prova anche dal modo in cui si riesce a immaginare e prevedere un lavoro. D'altro canto, parlare la stessa lingua in salone è necessario per avere una comunicazione efficace, e per quanto riguarda la consulenza invece, ci permette di velocizzare la diagnosi e delegare senza intoppi. Inoltre, se la cliente ascolta gli operatori parlare un linguaggio tecnico piuttosto che un linguaggio comune, sarà più propensa ad avere una percezione migliore della professionalità del team. Ebbene, affrontiamo insieme questi termini che racchiudono in sé sia gli elementi rivoluzionari del Degradé, sia la sua complessità.

Divisioni

La prima manovra che un operatore esegue consiste nel dividere la massa dei capelli in sezioni. Le divisioni devono essere tre e create secondo una forma precisa, perché sezioni diverse, di numero o di dimensione, non comprometterebbero la bontà del risultato finale, ma – per esperienza – renderebbero il lavoro inutilmente più lento, complesso e soggetto a errori. Le tre sezioni rappresentano la base di partenza per qualsiasi azione successiva.

Presidi

Il termine "presidio" sta a indicare una parte all'interno della sezione. In altre parole, se con la prima divisione del cranio della cliente in tre parti formiamo tre sezioni, andando a selezionare altre ciocche dentro ciascuna delle sezioni formiamo un presidio. La forma tipica del presidio è rettangolare. La grandezza, a differenza delle sezioni, è a discrezione dell'operatore che, dopo aver valutato il lavoro da fare, la tipologia di capello e, dopo aver definito la diagnosi, opterà per la soluzione migliore.

Prese

Abbiamo visto che dopo una macro divisione iniziale si operano altre suddivisioni minori, chiamate "presidi". In ogni presidio, infatti, si andranno a individuare delle ciocche che avranno una certa forma geometrica, una grandezza e uno spessore. Quest'ultima divisione all'interno del presidio dà vita a ciò che noi chiamiamo "presa", ovvero la ciocca di capelli che effettivamente andiamo a colorare.

A differenza delle sezioni e dei presidi, le prese devono avere forma, grandezza e spessore definiti. Se l'operatore decide di prendere più prese della stessa tipologia, allora forma un gruppo di prese. Di conseguenza, all'interno del singolo presidio vengono inseriti vari gruppi di prese.

Percentuali

Nel Degradé ogni operazione è tradotta in percentuali. Esse guidano il ragionamento e la pianificazione dell'operatore e sono veramente essenziali, perché sono proprio le percentuali a donare quelle meravigliose sfumature che caratterizzano la tecnica. Bisogna, infatti, ricordare che è sempre il quantitativo di capelli che si colora a determinare il risultato finale. Il fattore fondamentale sta nell'associare una relativa percentuale a una quantità reale di capelli e, a livello pratico, poi la percentuale della presa deve essere *sentita*, ossia percepita con occhio e con mano.

Riassumendo, tutti questi termini sono in relazione un po' come una scatola cinese. Le sezioni o divisioni sono la prima grande triplice ripartizione. All'interno di ogni sezione andiamo a selezionare i presidi. A loro volta, i presidi vengono suddivisi in gruppi di prese. I gruppi di prese, come dice la parola stessa, sono formati da prese che generalmente sono della stessa tipologia. I gruppi di prese possono anche non essere formati da prese specifiche, ma da un'unica grande presa.

Materiali

Strumenti

Oltre alla terminologia specifica, anche l'uso di determinati strumenti è indispensabile per una corretta esecuzione del Degradé. I due strumenti su cui vorrei porre la tua attenzione sono i pennelli tagliati in diagonale e il foglio di alluminio da 14 centimetri.

L'esigenza di servirsi di pennelli tagliati in diagonale rispetto a quelli dritti tradizionali è data dall'applicazione del colore nella tecnica verticale. Le setole tagliate in modo diagonale sono da una parte del pennello molto corte e, per questo, molto rigide; mano a mano che ci si sposta verso quelle più lunghe diventano più morbide.

Questa diversità di durezza si traduce in una varietà di intensità di spinta delle setole: perfetta per aiutare la stesura del prodotto. La punta, con le sue setole più flessibili, si usa per colorare bene l'attacco dei capelli; mentre, con la pancia ed eventualmente sempre con la punta si colora il resto delle lunghezze.

Chiaramente, è necessario scegliere il pennello diagonale anche in base al tipo e alla quantità del capello che si andrà a colorare: per ciocche grandi e capelli spessi si prendono pennelli grandi con le setole dure, invece per capelli sottili o ciocche fine quelli più piccoli.

Per quanto riguarda l'alluminio, invece, dopo anni di esperienza e prove, abbiamo scelto di usare il foglio da 14 centimetri per ogni ciocca. La scelta è ricaduta su questa misura perché, a nostro avviso, è la larghezza ideale, giusta in termini economici (oggi quanto mai è saggio non generare troppi scarti) e pratici.

14 cm

Se ci pensiamo bene, un foglio d'alluminio più stretto rischierebbe di lasciare scoperti interi settori di applicazione del colore. Al contrario, un foglio più largo non farebbe altro che ingombrare e complicare inutilmente il lavoro.

A questo dobbiamo sicuramente aggiungere tutto il resto degli strumenti che saranno necessari: pinze (o graffe), becchi d'oca, ciotole per i colori, spazzola, pettine a coda e carrello.

Prodotti

Il Degradé è, come ormai avrai capito, una tecnica ben precisa fondata su una visione condivisa di principi sulla bellezza e sulla cura dei capelli. Eppure, per realizzare una colorazione che si possa definire Degradé non bastano competenze tecniche e stilistiche e strumenti corretti, ma abbiamo bisogno di prodotti specifici. Innanzitutto, per una buona riuscita del servizio e del risultato finale, la qualità del prodotto utilizzato è determinante. Un servizio di qualità non può effettuarsi con materie prime scadenti.

Bisogna però sottolineare che, oltre alla differenza tra prodotti più economici e quelli professionali, i prodotti devono anche avere determinate caratteristiche tecniche. Questo perché soltanto alcuni prodotti, con la loro composizione chimica, permettono quel sapiente dialogo tra il vecchio e il nuovo che abbiamo visto sopra. In altri termini, il Degradé non può essere eseguito con qualsiasi prodotto, altrimenti verrebbero meno i principi su cui si regge; di conseguenza, la scelta deve orientarsi verso prodotti con un preciso ruolo.

Infatti, vedrai che adopererai diverse tipologie di prodotto in base al tipo di lavoro svolto sui capelli delle tue clienti: colorazioni semi-permanenti prive di ammoniaca, prodotti coloranti e schiarenti con differenti gradienti di penetrazione, prodotti ad acqua con attrazione elettrostatica, e altri ancora.

A differenza delle Meches, come abbiamo accennato prima, il Degradé sfrutta questa diversità di composizione chimica per colorare porzioni di capelli e su tutta la chioma, e la combinazione di questi prodotti diversi garantisce il rilascio graduale del colore. Come sarebbe altrimenti possibile per la cliente tornare in salone soltanto ogni tre mesi?

In questo senso, il Colour Touch dell'azienda Wella Professionals, grazie alle sue pregevoli caratteristiche, utilizzato a sei volumi, ha il rilascio perfetto per un Degradé. La selezione di un prodotto per le sue proprietà di rilascio è altresì ampliata e migliorata dalla combinazione con un altro prodotto: mi riferisco alla sinergia virtuosa tra il Colour Touch e il Koleston Perfect. Infatti, scaricando in maniera e tempi diversi, questi prodotti permettono di mascherare efficacemente l'effetto ricrescita in modo da non renderlo netto, ma frastagliato.

Nel capitolo dedicato al colore e alla gradazione approfondiremo tutti questi aspetti, per ora concentriamoci sulla pratica e, nello specifico, sulla postura.

Postura corretta

Anche la postura che si tiene ha la sua importanza. Assumere la giusta postura non solo facilita l'esecuzione delle manovre utili all'e-

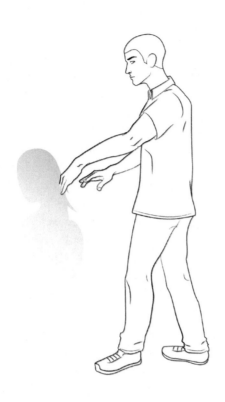

secuzione del Degradé, ma conferisce anche un aspetto piacevole e professionale all'operatore. Ogni dettaglio all'interno del salone ha importanza e significato: la pulizia, l'ordine e l'arredamento, ma soprattutto l'atteggiamento degli operatori; e le clienti lo leggono principalmente dalla nostra postura.

La postura corretta vede la schiena allineata elegantemente e stabile sulle gambe, le quali stanno una avanti e l'altra dietro. Nella parte alta del corpo, per assicurare alle mani la giusta libertà di movimento e una salda presa, dovremmo tenere il gomito alto, il polso fermo e le spalle rilassate. . Assumendo questa postura, possiamo trasmettere sicurezza, professionalità e savoir-faire.

Abbiamo messo sul fuoco parecchi contenuti. Dopo aver riflettuto sul ruolo della consulenza pre-colorazione, aver avuto una veloce infarinatura sul gergo tecnico, aver compreso la necessità di utilizzare certi strumenti e prodotti e aver studiato la postura più adatta, credo che ormai tu sia più che pronto per scoprire quali sono i passaggi fondamentali della tecnica del Degradé.

Procedimento

Se vuoi realizzare un Degradé dovrai seguire quattro passaggi. La scelta di ottimizzare la procedura in quattro step, frutto di anni di sperimentazione, è stata dettata dalla maggiore comodità e agilità per l'operatore. Le sequenze che vedremo insieme rispecchiano la terminologia trattata in uno dei capitoli precedenti: le divisioni, il presidio, le prese e, infine, l'applicazione della stagnola. Ora che sai di cosa sto parlando, possiamo affrontare uno a uno i quattro passaggi per spiegare praticamente in cosa consistono.

Naturalmente, prima di procedere con la pratica e la realizzazione dei quattro passaggi, assicurati non solo di avere a portata di mano tutti i materiali necessari, ma anche di avere i prodotti che ti serviranno per eseguire la colorazione.

Divisioni

Le divisioni sono le fondamenta del Degradé. E si sa, una casa senza buone fondamenta è destinata ad avere problemi. È ovvio che il Degradé si può realizzare anche con delle divisioni non eccellenti, ma a prezzo di maggior tempo di esecuzione e più difficoltà. La precisione nel tracciare le righe delle sezioni ci dispensa dal fare passaggi in più per recuperare l'imprecisione iniziale e, di conseguenza, ci fa risparmiare tempo. Un errore comune è fare una divisione con un rettangolo troppo stretto nella parte posteriore, in quanto questo causa una differenza per larghezza nella parte anteriore.

Vediamo quali sono quindi le operazioni da eseguire in questo primo passaggio:

1. Pettinare i capelli indietro
2. Appoggiare il dito medio sull'attaccatura frontale dei capelli al centro e appoggiare il pollice parallelamente in corrispondenza all'incontro tra l'osso frontale e l'osso parietale

3. Tracciare una riga con la punta della coda del pettine da destra verso sinistra passando per il pollice appoggiato

4. Raddrizzare la riga aggiustandola con la coda del pettine

5. Appuntare la parte selezionata davanti con una pinza

6. Controllare il rettangolo superiore appena creato con gli indici, appoggiandoli alle due estremità (una a destra e una a sinistra)

7. Appoggiare la crosta del pettine all'estremità sinistra del rettangolo precedentemente creato e creare una riga in verticale. Spostare i capelli laterali non selezionati per non intralciare l'operato

8. Procedere allo stesso modo per il lato destro e raccogliere con una pinza il rettangolo posteriore appena creato

9. Riprendere i capelli appuntati nel passaggio precedente (quelli in corrispondenza alla parte frontale), togliere la pinza e tracciare una riga centrale.

10. Pettinare i capelli della parte destra, posizionare in orizzontale il pettine con la punta della coda rivolta verso i capelli, e all'altezza della punta dell'orecchio fare una riga per selezionare una porzione triangolare di capelli (che chiameremo angolino)

11. Appuntare con una pinza la porzione di capelli più grande rimasta e lasciare l'angolino libero

Se avrai eseguito tutti i passaggi correttamente ti ritroverai in questa situazione: un rettangolo posteriore, un rettangolo laterale a destra con il suo angolino separato e un rettangolo laterale a sinistra con il suo angolino. Al momento della colorazione del rettangolo posteriore potrai appuntare (tenendoli sempre separati dal resto dei capelli) entrambi gli angolini con dei becchi d'oca.

Presidi

Il presidio, come abbiamo già visto, è una frazione intermedia della testa e del Degradé. Di norma, la forma del presidio è rettangolare, e la grandezza varia sia in base alla tipologia di capello e alla sua lunghezza, sia al tipo di lavoro da eseguire: per risultati con forti contrasti avremo grandi presidi, mentre per creare sfumature più naturali o raffreddare una chioma meglio scegliere presidi più piccoli.

Ci sono, anche in questo caso, diverse azioni da compiere per realizzare un presidio.

Ecco come fare:

1. Posizionare il pettine a ¾ con denti rivolti verso il corpo
2. Puntare con l'indice sinistro il punto di arrivo della punta del pettine dall'altra parte del rettangolo posteriore
3. Portare la punta del pettine fino all'indice disegnando sulla cute una riga
4. Far scorrere la punta del pettine e l'indice lungo il presidio portandoli verso di sé
5. Prendere il presidio tra pollice e indice
6. Spingere con il pettine verso il basso per dividere la ciocca selezionata
7. Pettinare non più di due volte e bloccarla tra il dito indice e il medio

Prese

Dopo aver creato i presidi dalle divisioni, è necessario selezionare le prese all'interno di ogni presidio. Infatti, la presa è una parte del presidio, e vanno eseguite in un unico movimento, in questo modo:

1. Tenere il pettine a coda con i denti rivolti verso il corpo per utilizzare solamente la coda del pettine
2. Effettuare un'oscillazione ripetitiva del gomito facendo dei movimenti dal basso verso l'alto e tenendo polso e pettine immobili
3. Prendere i fili isolandoli con pollice e indice senza pettinarli

Applicazione della stagnola

Una volta selezio-
nate le prese, è ne-
cessario applicare
la stagnola per poi
procedere con la
colorazione. Spe-
cialmente in questa
fase, ci preoccupia-
mo di mantenere il
polso fermo e una
decisa presa della
mano.

Per eseguire correttamente l'ultimo passaggio della messa in pratica
del Degradé, devi procedere così:

1. Selezionare il presidio
2. Eseguire la presa
3. Alzare la presa
4. Posizionare la stagnola
5. Appoggiare la presa sopra la stagnola
6. A presa bloccata, prendere il pennello senza lasciare il pettine
   e procedere con l'applicazione del colore (scelto nel momento
   della diagnosi), badando bene di colorare la radice per coprire
   eventuali capelli bianchi

Abbiamo visto insieme tutto il procedimento pratico del Degradé;
come si capisce già da questi brevi cenni, questa tecnica richiede
ordine e precisione proprio perché ogni ciocca è una disciplina. Eppure, come ogni vera disciplina, quando è padroneggiata a dovere
permette di esprimere la propria creatività. Infatti, nel Degradé è
importante uscire dagli schemi rispettando sempre i princìpi della

tecnica. Se il Degradé non fa altro che popolare la testa di ciocche ognuna con un carattere diverso dalle altre, allora è il modo in cui vengono selezionate e distribuite le prese che fa la differenza. In realtà, insieme alla gestione dei capelli è altrettanto fondamentale l'uso del colore. Vediamo perché.

Colorazione

Nei capitoli precedenti ho mostrato il processo di divisione della chioma in ciocche più piccole in vista della colorazione, spiegando anche la terminologia. L'organizzazione dei vari gruppi di prese è fondamentale, in quanto verranno colorati in modo differente l'uno dall'altro per andare a determinare il risultato desiderato. A essere differenti sono anche le modalità per stendere verticalmente il colore, ti spiegherò le tre principali.

Gradazione di colore

Una corretta gradazione di colore si ottiene quando si applicano in gradazione diversi colori: si parte dal colore alla base più simile a quello della cliente (al massimo un tono più chiaro), si schiarisce la lunghezza di tre o quattro toni più chiari e, infine, in punta si utilizza il decolorante per la massima schiaritura. In questa gradazione ci si può servire di un numero indefinito di colori, purché si parta con un'altezza di tono più chiara del colore naturale e si arrivi alle punte ad altre altezze di tono più chiare. Si applicano due o tre colori in scala e il risultato viene dato dall'applicazione delle diverse altezze di tono in sequenza.

La differenza di effetto viene data da come si deposita il prodotto, a che altezza si scarica il colore di attacco, fino a dove si arriva, dove si scarica il colore intermedio e quello più chiaro.

Gradazione per quantitativo di prodotto

In questo caso, come ci indica il titolo di questo paragrafo, è la quantità di prodotto a creare la gradazione, ma la nuance (in generale il decolorante) utilizzata rimane la stessa. Il decolorante va depositato e scaricato in punta, poi si torna indietro con il pennello senza appoggiarlo sui capelli e poi con il pennello leggermente carico di decolorante e si inizia a graduare. La progressione del gesto, dalla massima applicazione del decolorante in punta a decrescere verso l'alto, crea una perfetta sfumatura.

Gradazione per sovrapposizione

La gradazione per sovrapposizione si ottiene appunto dall'applicazione del colore, sovrapponendo una nuance all'altra sulla stessa ciocca. Si stende un colore dalla base alla punta e poi si sovrappone un decolorante o il magma. Essendoci questa miscelazione di prodotti, il colore applicato in precedenza "frena" un po' l'azione del decolorante e tira fuori altre sfumature.
Le sfumature possono essere calde o fredde in base a ciò che è stato applicato prima.

Vantaggi per il salone

Adottare questa meravigliosa tecnica e diventare affiliato Joelle possono essere l'opportunità di crescita definitiva per il tuo salone. Perché puoi finalmente avere tra le mani un servizio di qualità in grado di far aumentare lo scontrino medio, che si vende letteralmente da solo nonostante la comodità di avere un prezzo versatile e flessibile. Grazie all'originale Degradé, in sinergia con gli altri servizi (Royal, Starlight, ecc...), puoi differenziarti una volta per tutte dalla concorrenza. Questo significa anche che, insieme al gruppo Joelle e alla sua formula vincente, potrai contare su un flusso costante di clientela, e soprattutto clientela nuova. Semplicemente perché è soddisfatta e fidelizzata non da una tecnica qualunque, ma da un progetto di colorazione unico e completo.

Vantaggi per la cliente

Il servizio e la consulenza Degradé garantiscono dei risultati personalizzabili capaci di esaudire qualsiasi desiderio; dando voce così a quel bisogno di ogni donna di sentirsi unica. Il Degradé, infatti, si indossa come si indossa un vestito su misura preparato dal sarto. In fondo, è proprio questo il vero valore del Made in Italy.

Inoltre, la cliente può dire addio, una volta per tutte, al disagio della ricrescita. Anzi, il suo patrimonio naturale viene addirittura valorizzato con uno splendido effetto naturale. Eppure, perfino per le soluzioni più shock, il Degradé resta la migliore scelta da fare, in quanto riduce al minimo l'impatto di una colorazione sulla salute dei capelli.

RISULTATI

Ho voluto dedicare quest'ultima parte ai risultati che si possono ottenere con questa tecnica. Credo infatti che niente più dei casi pratici possano essere utili alla comprensione di cosa accade nei saloni Joelle.

Case study pratici

Caso N. 1

Partiamo da un caso davvero interessante che ti aiuterà a comprendere come poter gestire un caso molto complesso con pregresse colorazioni orizzontali e mantenendo un risultato naturale. Questa cliente di un Centro Degradé Joelle è arrivata in salone con una ricrescita di capelli bianchi, una barratura e anche delle macchie dovute da precedenti colorazioni orizzontali. Una volta analizzata la situazione di partenza della cliente, il parrucchiere ha iniziato la sua consulenza con un'intervista. Grazie alle domande fatte dal parrucchiere, è emerso che il desiderio della cliente era quello di riordinare la situazione del

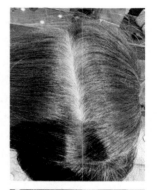

capello. Così l'hairstylist ha individuato la foto più adatta che incontrasse le esigenze della cliente con un riferimento visivo.

A questo punto il parrucchiere ha elaborato la diagnosi:

PRESIDIO 1,5 cm
1. 20% KP 6/2 V20 - DH V20
2. 30% CT (4/0 + 5/0) - CREMA
3. 25% KP 6/2 V20 - DH V20
4. 25% CT (4/0 + 5/0) - CREMA

Cosa significa? Significa che il parrucchiere ha lavorato con piccole porzioni di capelli. In attacco è stato messo un po' di colore semipermanente e un po' di colore permanente, entrambi di tonalità differenti. Successivamente, la chioma è stata lavorata in alcune parti con un po' di decolorante per schiarire leggermente, e in altre è stata applicata la crema per mantenere il colore già presente.

Il risultato finale è meraviglioso e naturale allo stesso tempo. Il desiderio della cliente è stato com

preso e soprattutto realizzato: i capelli sono stati riordinati eliminando barrature e macchie, mantenendo un effetto molto naturale.

Caso N. 2

Nella foto della situazione iniziale si nota lo stacco netto e molto evidente tra il castano naturale della base della testa e le tonalità di biondo presenti nelle lunghezze e sulle punte.

Nella sua ultima visita in salone la cliente aveva chiesto delle sfumature biondo dorate alternate da nuance molto più chiare, specialmente in punta.

Per mantenere questi effetti occorrono frequenti ritocchi in saloni: senza un'adeguata manutenzione, la ricrescita del colore naturale provoca la tipica barratura che vediamo nella prima foto.

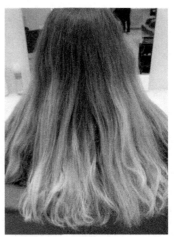

La cliente, durante la consulenza, ha richiesto una colorazione ramata molto calda e brillante, tipicamente autunnale.

Ecco quindi che l'hairstylist crea la diagnosi da eseguire per raggiungere il risultato desiderato.

PRESIDIO 2,5 cm
1. 15% CT 6/4 - CT 8/43
2. 15% KP 6/34 V20 - KP (88/43+0/43) V 20 - MG/74 V20
3. 35% CT 6/4 - CT 8/43
4. 35% KP 6/34 V20 - KP (88/43+0/43) V20 - MG/74 V20

Al termine della seduta, la chioma della cliente appare completamente

trasformata: le barrature sono sparite, il colore spento e opaco di prima ha lasciato spazio a nuove nuance ricche di luce, volume e spessore. Il colore naturale della cliente, quel castano che stonava con le ciocche bionde nella foto scattata all'arrivo in salone, non è stato coperto, ma è stato valorizzato dalle ciocche ramate e bionde colorate con il Degradé. Osservando infatti attentamente la foto del risultato finale vediamo delle tonalità leggermente più scure rispetto a quelle visibili nella foto del desiderio: le nuance ottenute con il Degradé sono state pensate per armonizzarsi alla perfezione con il patrimonio naturale della cliente.

È proprio per questo motivo che, a differenza della precedente lavorazione, gli effetti del Degradé dureranno mesi e la cliente potrà godersi la sua nuova tinta biondo ramata senza più il pensiero della ricrescita e delle barrature.

CONCLUSIONE

Il nostro mestiere sta cambiando. La concorrenza e gli standard di mercato stanno crescendo in maniera esponenziale. Altri fattori sono entrati in gioco nel business di un salone di bellezza, di conseguenza dobbiamo fare molto di più che acconciare i capelli con maestria. La tecnica del Degradé da anni rappresenta la prova che si può rispondere in maniera solida, costante e qualificata a questa sfida.

Abbiamo visto perché il Degradé può essere definito come il perfetto equilibrio tra bellezza, salute e desiderio. Le sue caratteristiche lo rendono unico nel panorama del settore: è un progetto di colorazione completo che riesce a creare infinite sfumature personalizzate, valorizzando il patrimonio naturale della cliente e rispettando la salute dei capelli. Una tecnica complessa, versatile e artistica ma, allo stesso tempo, facile da eseguire; tanto che la richiesta per il nostro servizio di punta proviene non solo dalle clienti, ma soprattutto, attraverso la formazione, dai parrucchieri stessi; perché fare un Degradé è un piacere per la nostra creatività ed è una soddisfazione per i risultati strepitosi che ci fa raggiungere. Tutto ciò lo distingue sostanzialmente dalle altre tecniche non tanto per essere in qualche modo diverso, ma perché il Degradé le racchiude tutte in sé rivoluzionando il modo di pensare la colorazione.

Abbiamo visto come ha avuto origine il Degradé trent'anni fa sotto il nome Joelle; dall'altra, ha evidenziato l'importanza che il gruppo riveste nel contesto odierno di forti cambiamenti del settore. Poter contare su dei consulenti esperti che offrono il supporto, le strategie e una formazione sempre ai massimi livelli fa la differenza e ti garantisce un vantaggio competitivo notevole. Se il Degradé è una tecnica innovativa, moderna e versatile che ti permette di rimanere al passo con i tempi, il gruppo Joelle allora va a colmare tutte quelle lacune che un salone può possedere (come ho sperimentato e vissuto sulla mia stessa pelle), per renderlo, come lo chiamiamo noi, un salone del futuro.

Ora conosci qualcosa in più sulla tecnica più richiesta del mercato e sai soprattutto cosa c'è dietro il mondo Joelle, che garantisce una formula di successo e crescita per ogni salone di bellezza. Hai in mano le conoscenze (a cui si uniscono le testimonianze di centinaia di saloni già affiliati) per fare la tua scelta e uscire dalla crisi che affligge il settore dell'hairstyle. Per uscire dalla crisi, per uscire dal pericolo basta cogliere la giusta opportunità.

Se ciò che ti ho raccontato in questo libro ha acceso in te una fiammella di curiosità, puoi chiedere ulteriori informazioni dal sito

https://www.degradejoelle.it

Basta compilare il form dedicato e verrai ricontattato in breve tempo da un membro del nostro team che scioglierà qualsiasi perplessità.

Oppure, se preferisci, puoi seguirci sui canali social:

Facebook
https://www.facebook.com/centrodegradejoelle?fref=ts

Instagram
https://www.instagram.com/centro_degrade_joelle/

Youtube
https://www.youtube.com/user/CentroDegradeJoelle/featured

Per quanto riguarda me, puoi trovarmi nei profili social personali, ma se non mi trovi lì significa probabilmente che sono in campagna a godermi un po' di sano relax.

Printed in Great Britain
by Amazon

31223743R00046